5 Regeln der operativen Optimierung

Marcus Karl HAMAN, MSc

Produktionsmanagement für Führungskräfte

Ein Mitarbeiter kann nicht motiviert werden, jedoch kann ein Umfeld geschaffen werden, indem sich der Mitarbeiter selbst motiviert.

Marcus Karl Haman

Marcus Karl HAMAN, MSc

5 Regeln der operativen Optimierung

Produktionsmanagement

für Führungskräfte

Bibliografische Information der Deutschen Natio-nalbibliothek:

Die Deutsche Nationalbibliothek verzeichnet diese Publikation in der Deutschen Nationalbiblio-grafie; detaillierte bibliografische Daten sind im Internet über <u>http://dnb.dnb.de</u> abrufbar.

Illustration: **Marcus Karl HAMAN, MSc,**

canstockphoto.at

weitere Mitwirkende: **HCA-consulting GmbH**

Herstellung und Verlag: BoD– Books on Demand, Norderstedt

ISBN: 9783752685794

Inhaltsverzeichnis

EINLEITUNG

Vor allem in Krisenzeiten zeigt sich immer wieder, dass Unternehmen, welche sich in der Sonne der positiven Auftragslage ausruhten, in Krisenzeiten den eisigen Frost des Marktes gegenüberstehen. Aufträge brechen weg, oder werden zumindest verringert und somit auch die Gewinne, welche das sorgenfreie Geschäftsleben in der Komfortzone, sicherstellten. Weniger Aufträge, weniger Deckungsbeiträge. Weniger Deckungsbeiträge erzeugen unweigerlich innerbetrieblich Druck zu handeln. Die Negativspirale fängt an sich zu drehen und ehe man sich versieht, wird die langsam drehende Negativspirale zum Turbo und es scheint, als ob dieser nicht mehr zu stoppen wäre. Die Fixkosten fressen die eisernen Reserven der Firma in kürzester Zeit auf, und wenn dann nicht massive Gegenmaßnahmen implementiert werden, folgt das, was kein Gesellschafter möchte, die Zahlungsunfähigkeit.

Dem kann rechtzeitig, mit entsprechenden Maßnahmen im Finanzbereich, jedoch auch im operativen Wirkungsfeld des Kerngeschäftes, entgegengewirkt werden. Vorbeugend, aber auch während der Krise sind operative Optimierungen möglich und hilfreich, wenn es darum geht, das Unternehmen besser, beziehungsweise resistenter gegen Markteinbrüche aufzustellen.

Und eines vorweg – Aussitzen einer Krise, können die wenigsten Betriebe und Organisationen. Der Grund hierfür liegt in den Fixkosten, welche nicht so schnell verändert, beziehungsweise angepasst werden können. Ein Unternehmen im produktiven Umfeld kann 3 Stellschrauben bedienen, um die operativen Kosten positiv zu beeinflussen. Die Bestände so gering wie möglich halten, die Produktivität, also den Durchsatz zu erhöhen und die Betriebskosten zu senken. Um die Betriebskosten zu senken, bedarf es etwas mehr an Analysearbeit. Hier hilft die Kompetenzzwiebel zur Veranschaulichung aller relevanter und nicht so bedeutender Kompetenzen und Prozesse. Prozesse verursachen Kosten wie Ressourcen (Mitarbeiter). Es ist zu überlegen, welche Prozesse und Kompetenzen wirklich in einem Unternehmen benötigt werden. Fixkosten beeinflussen den Cash Flow, also die Liquidität der Organisation und in herausfordernden Zeiten ist jeder Euro zu betrachten, noch mehr als in normalen Geschäftszeiten.

Aus langjähriger Erfahrung im Geschäftsleben, kann festgestellt werden, dass eine Vielzahl an Unternehmen nur sehr eingeschränkte Reserven (Cash) verbuchen können und das Überleben des Betriebes nach 2-3 Monaten „LOCKDOWN" einen kritischen Status einnimmt.

Die Erkenntnis aus vielen Mandaten als Interim Manager, auch Manager auf Zeit, oder auch gerne als Industrie Söldner bezeichnet, ist, dass es Regeln braucht, um erfolgreiche Veränderungen umzusetzen. Nicht als Vorlage, mehr als Wegweiser um immer wieder auf den richtigen Pfad zurück zu finden. Denn was erreicht werden soll liegt auf der Hand:

Es gilt die RICHTIGEN Dinge zu tun und die Dinge RICHTIG zu tun!

5 REGELN DER OPERATIVEN OPTIMIE-RUNG

Die Regeln zu definieren ist eine Sache, die Regeln umzusetzen, eine ganz andere Herausforderung, muss doch die gesamte Organisation mit eingebunden und zur Verbesserungsfahrt „abgeholt" werden. Die Einbeziehung aller Mitarbeiter ist die wichtigste aller Voraussetzungen, gefolgt von Standards, der Qualität Maßnahmen umzusetzen, kurze Durchlaufzeiten / Umsetzungs- und Entscheidungszeiten und nicht zu vergessen der kontinuierlichen Konsequenz Maßnahmen umzusetzen und die Organisation stetig weiter zu entwickeln.

Berücksichtig und stellt die Organisation auf sehr breiter Ebene diese Voraussetzungen sicher, ist der erste wesentliche Schritt getan und die 5 Regeln können mit hoher Wahrscheinlichkeit erfolgreich angewendet werden.

Die 5 Regeln der operativen Optimierung sind keine Raketenwissenschaft und benötigen sicherlich keine gesonderte Ausbildung, obgleich eine Grundvoraussetzung muss von der jeweiligen Organisation miteingebracht

werden und das ohne „wenn" und „aber" –
den Willen zur Veränderung.
Die 5 Regeln der operativen Optimierung
sind folgende:

1. Finde die Kernkompetenz
2. Implementiere transparente Kennzahlen
3. Regelkreise sind deine Freunde
4. Entferne Komplexität
5. Definiere Rollen & Verantwortlichkeiten

FINDE DIE KERNKOMPETENZ

Jedes Unternehmen hat eine Kernkompetenz. Diese erhebt Anspruch, da in der Kernkompetenz auch der Profit generiert wird, im Vordergrund der Aufmerksamkeit der gesamten Organisation, stehen zu dürfen.
Viele Unternehmen meinen, viele Kernkompetenzen aufweisen zu können und begehen damit einen wesentlichen Fehler. Viele Kernkompetenzen bedeuten Mehrfrontenkriege am heiß umkämpften Markt und Mehrfrontenkriege, so lehrt uns die Geschichte, waren in den seltensten Fällen von Erfolg gekrönt. Der Grund liegt in der Aufteilung der vorhandenen Ressourcen und Wissensträger, auf die einzelnen Themenbereiche.

Vergleichbar in einem Beispiel mit 2 verschiedenen Ansätzen von Restaurants.

Restaurant Nummer 1:
Die Karte endlos lang und sehr viele Speisen aus den unterschiedlichsten Ländern, von asiatisch über die französische Küche bis hin zum italienischen Gaumenschmaus und alles aus ein und derselben Küche.

Restaurant Nummer 2:
Die Tageskarte sehr klein und überschaubar, mit frisch vom Markt eingekauften Waren und fein in der Küche zubereitet. Spezialisiert auf die Regionale Küche.

Restaurant 1 mit sehr vielen Kernkompetenzen in Form von Speisen aus verschiedenen Ländern.

Restaurant 2 mit nur einer Kernkompetenz und einer Tageskarte der regionalen Küche

Und jetzt die Quizfrage:
Wo wird es besser schmecken?

Alles anbieten zu können und damit den Markt zu beherrschen ist ein Irrglaube.
Manchmal kommt das Argument zur Sprache, dass AMAZON doch auch alles verkauft. Von der Unterhose bis hin zum Parkettboden. Stimmt, jedoch hat AMAZON seine Kernkompetenz nicht in der Herstellung dieser Waren, sondern im Verkauf der selbigen, und darin ist AMAZON wirklich gut.

Und ebenso verhält es sich in anderen Branchen. Es können nicht unendlich viele Kompetenzen aufgebaut werden, ohne einen Verlust der Qualität sicherzustellen. Und die Qualität ist es, welche langjährige Kundenbeziehungen sicherstellen und damit das Risiko am Markt nicht zu bestehen, minimieren.

DIE KOMPETENZZWIEBEL

Wie findet eine Organisation ihre Kernkompetenz und was unterscheidet eine Kompetenz von einer Kernkompetenz?

Der Unterschied zwischen einer Kompetenz und einer Kernkompetenz ist, dass mit der Kernkompetenz der Profit generiert wird und dort das Wissen und die Fähigkeit der Organisation sehr ausgeprägt ist. Weitere Kompetenzen können in einem Unternehmen ebenso vorhanden sein, bilden jedoch nicht das Hauptgeschäft ab. Vielmehr sind weitere Kompetenzen in den unterstützenden Bereichen zu finden.

Werden alle Kompetenzen betrachtet, können zwischen Kernkompetenzen und Supportkompetenzen unterschieden werden.

Eine weitere Untergliederung der Unterstützenden Kompetenzen liegt bei „notwendigen"
Kompetenzen, welche die Kernkompetenz
aktiv unterstützt und Kompetenzen, welche
auch im Unternehmen vorhanden, jedoch un-
abhängig von der Kernkompetenz sind.
Grafisch aufbereitet entsteht somit eine Art
Zwiebel. Der Kern bildet die Kernkompetenz
ab, je weiter entfernt vom Kern, desto weniger haben andere Kompetenzen eine Rele-
vanz für das Kerngeschäft, beziehungsweise
auf die Kernkompetenz.

Die Kernkompetenz weist auch den Kernprozess aus. Somit sind die Kompetenzen mit

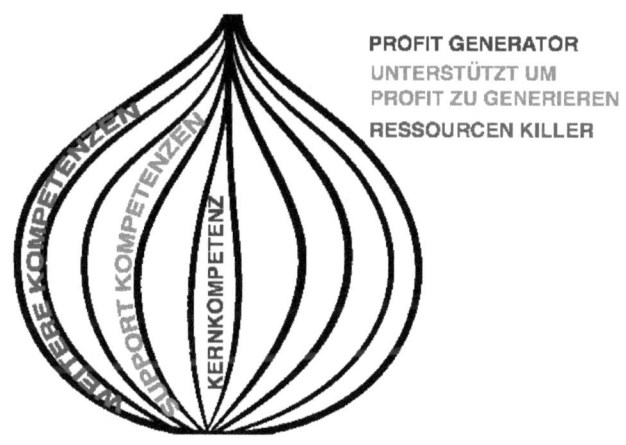

PROFIT GENERATOR
UNTERSTÜTZT UM
PROFIT ZU GENERIEREN
RESSOURCEN KILLER

den Prozessen gleich zu setzen. Kernprozesse zeigen die profitgenerierenden Prozesse auf, wobei ausgenommen der unterstützenden Prozesse, alle weiteren Prozesse ebenso als Ressourcen Killer angesehen werden können.

HINTERFRAGEN IST ERLAUBT!

Auch wenn in nicht wenigen Unternehmen das Hinterfragen einzelner Prozesse und Kompetenzen durch eigene Mitarbeiter nicht sehr gerne gesehen wird, sollte sich das Top Management einmal selbst an der Nase nehmen und das Hinterfragen zulassen. Manager, welche gerne an der Anzahl der Mitarbeiter, welche sie verantworten dürfen, gemessen werden möchten, muss klar gesagt werden, dass es der Profit ist, welcher gesteigert werden sollte und nicht die Anzahl der Mitarbeiter, auch wenn es sich im Dunstkreis des Managers sexy anhört für tausende Mitarbeiter verantwortlich zu zeigen. Mitarbeiter bedeuten Kosten, welche nicht so leicht angepasst werden können, wenn es einmal nicht so gut läuft. Manager sollten eher darauf verweisen wie viel Profit mit welchem Einsatz generiert werden konnte.

Das Hinterfragen und Aufgliedern der einzelnen Kompetenzen und Prozesse in die drei vorher beschriebenen Kategorien

- Kernprozess
- Unterstützende Prozesse &
- Alle anderen vorhandenen Prozesse

Ist essentiell und sollte immer wieder einer Gültigkeitsüberprüfung, unter die Lupe genommen werden, um vernünftig Kosten einzusparen.

Das Ziel muss es sein, die dritte Kategorie, „andere vorhandene Prozesse/Kompetenzen" auf ein absolutes Minimum zu reduzieren, beziehungsweise fremd zu vergeben. Es sind „Ressourcenkiller" und verursachen in den meisten Fällen nur Kopfschmerzen.

Konzentration und voller Fokus auf Prozesse und Kompetenzen, welche den Profit generieren.

In jeden Prozess gibt es Probleme, welche hin und wieder oder regelmäßig auftreten. Probleme binden Ressourcen und verursachen Kosten. Beim Kernprozess sind diese Probleme Herausforderungen, welche gelöst werden müssen, um das Unternehmen am Markt besser zu platzieren. Die Lösung der Problemstellungen bringen das Unternehmen weiter – in vielen Bereichen und Themen. Anders verhält sich die Geschichte, wenn es sich um die dritte Kategorie von Prozessen handelt. Da sind Probleme welche nur Kosten verursachen und bei Lösung der Problematik, keinen Mehrwert für die Organisation bringen. Ressourcen, welche besser eingesetzt werden könnten, müssen Probleme lösen, welche nur bedingt Einfluss auf den Geschäfts Erfolg haben. Diese Aufwendungen können als Verschwendung angesehen werden und sollten so schnell wie möglich abgestellt werden. Für jede Dienstleistung gibt es mindestens ein Unternehmen, welches sich darauf spezialisiert hat und in dieser Dienstleistung die Kernkompetenz sieht. Diese Unternehmen haben ihre gesamte Organisation auf diese Kernkompetenz ausgerichtet und sind zumeist in diesem Thema, viel effizienter als die eigene Organisation.

EIN FALLBEISPIEL

Als Beispiel, eine Lohnfertigung für Metall Stanzteile (Blechbereich)

Die Kernkompetenz liegt in der Fertigung von Metall Stanzteilen nach Kundenwunsch. Wie viele Unternehmen, ist auch dieses Unternehmen mit der Zeit gewachsen und führt alle Bereiche im Unternehmen selbst. Nach einer Sichtung / Analyse der vorhandenen Kompetenzen und Prozesse, wurden die Prozesse und Kompetenzen in folgende Gruppen untergliedert.

Kernkompetenz:

- Stanzen von Metallteilen nach Kundenwunsch

Die unterstützenden Kompetenzen sind folgende:

- Werkzeugwartung
- Service & Instandhaltung von Stanzmaschinen
- Qualitätsmanagement & QS
- Interne Anstellungslogistik, Verpackung & Versand

Weitere Kompetenzen:

- Sicherheitsfachkraft & Umwelt
- Einkauf
- Logistik
- IT
- Personalverrechnung
- Legal
- Buchhaltung
- Controlling
- Steuerrecht
- Etc.

Während eines Analysezeitraums, konnte festgestellt werden, dass viele Probleme und die größten Ressourcenbindungen zur Behebung der Probleme, nicht im Kernprozess zu finden waren.

Aus der Erkenntnis sollten Maßnahmen zur Verbesserung ausgearbeitet werden. Um dies zu realisieren, benötigt die Organisation transparente und klar definierte Kennzahlen, sogenannte KPIs. Aus dem Bauchgefühl sollte in den wenigsten Fällen gehandelt werden. Auch die überperfektionistische Art ist zu hinterfragen, da sich die Entscheidungsträger im Mikromanagement wiederfinden und sich somit im Detail verlieren, anstatt auf der Flughöhe zu bleiben, die es braucht, um das Gesamtbild nicht aus den „Augen" zu verlieren. Der Mut zur Lücke ist auch hier angebracht um effizient und kontrolliert effektiv zu agieren.

FRAGENKATALOG:

- Wie lauten die 5 Regeln der operativen Optimierung?

- Was ist eine Kernkompetenz?

- Wie finde ich die Kernkompetenz?

- Was sagt die Kompetenzzwiebel aus?

- Was versteht man unter dem Begriff „Der Mut zur Lücke?"

IMPLEMENTIERE TRANSPARENTE KENNZAHLEN!

Kennzahlen zeigen den Weg. Mit dieser Devise ist der Entscheidungsträger gut beraten. Nur wie definiert, beziehungsweise findet der Manager die richtigen operativen Kennzahlen. In vielen Unternehmen sind im Laufe der Zeit sogenannte Zahlen Friedhöfe endstanden, welche nie einem Gültigkeitscheck unterzogen wurden. Und somit schlummern diese Ressourcenkiller vor sich hin und vermehren sich teilweise durch Hinzufügen von neuen Kennzahlen und verursachen, durch die notwendige Betreuung durch Mitarbeiter, Kosten. Und bringen wir es auf den Punkt, dies ist pure Verschwendung.

Ein Scheiter Rezept ist sicherlich diese Kennzahlen nicht auszuscheiden, liegt jedoch oft an der Angst des Managements die entsprechende Entscheidung zu treffen diese auszumustern.

Mit der Einstellung vorhandenes nicht zu hinterfragen und die entsprechenden Entscheidungen nicht zu treffen, beziehungsweise nicht umzusetzen, wird die Organisation mehr und mehr gelähmt und träge.

KENNZAHLENENTRÜMPELUNG / WENIGER IST MEHR!

Es sollte Kultur im Unternehmen sein, Kennzahlen einmal im Jahr zu hinterfragen und einem Gültigkeitscheck zu unterziehen. Es lohnt, bedenkt man die Möglichkeit der Einsparungen, welche sich dadurch vielleicht ergeben. Zahlenfriedhöfe gehören auch mit Ressourcen belegt, auch wenn sie keiner ansieht. Sie werden ausgearbeitet, verarbeitet und vielleicht in eine Präsentation dargestellt, welche ein Mitarbeiter in mühevoller Arbeit kreiert.

Doch was macht eine richtige Kennzahl, auch KPI – (Key Performance Indicator) genannt, aus? Eine Aussagekräftige Kennzahl ermöglicht eine Steuerung der Organisation. Auf operativer Basis in einem Produktionsunternehmen ist es sicherlich die Kennzahl „UPTIME". Uptime beinhaltet die technisch verfügbare Arbeitszeit einer Anlage, Maschine, etc. Je höher diese Zahl, welche in % angegeben ist, desto effizienter produziert die Anlage / Maschine etc. Im theoretischen Fall bis zu 100%. Im theoretischen Fall deshalb, da es immer Störfaktoren gibt. Sei es durch einen geplanten oder ungeplanten Stillstand wie zum Beispiel einen Werkzeugwechsel, oder einen Umrüstvorgang, Reinigungsprozess, einer elektrischen Störung, etc. Die Möglichkeiten hierzu sind mannigfaltig. Da die Aussage dieser Kennzahl die Profitabilität beeinträchtigt, ist diese als sehr relevant zu sehen. Hingegen ist vielleicht eine Kennzahl, wie viele leere Kisten am Hof stehen, nicht so wichtig, da diese Behälter vielleicht gar nicht mehr verwendet werden. Es sollte nur das gemessen werden, was den Erfolg beeinträchtigt.

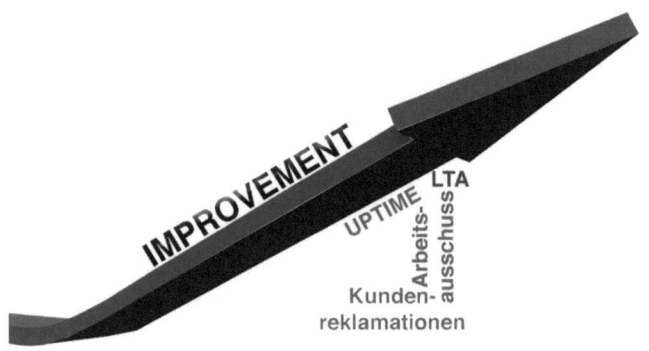

Im Wesentlichen gibt es nur 3 Fragen, welche gestellt werden sollten:

- Kann das Unternehmen durch die Kennzahl profitabler werden, beziehungsweise zeigt die Kennzahl den Weg zum Erfolg?
- Hilft die Kennzahl, um kontinuierliche Verbesserungen sicherzustellen, oder
- Ist die Kennzahl ein Ressourcenkiller?

Kennzahlen regelmäßig im Jahresrhythmus zu hinterfragen zahlt sich aus, um „schlanker" zu werden.

KENNZAHLEDEFINITION BRINGT KLARHEIT

Generell gilt – jede Kennzahl muss klar definiert werden. Die Begründung liegt in der Reproduzierbarkeit der Kennzahl. Sind keine Kenntnisse der Zusammenstellung vorhanden, was ist die Kennzahl dann wert?
Eine Definition bringt Verständnis und Aussagekraft in die jeweilige Kennzahl. Sehr verdeutlicht wird es bei der Kennzahl OEE (**O**verall **E**quipment **E**ffectiveness). Diese Kennzahl ist nicht genormt, somit wird diese Kennzahl verschiedenartig berechnet. Auch innerhalb einer Organisation kann es zu verschiedenen Interpretationen kommen, sollte die Kennzahl nicht klar definiert sein.
Somit wird eine Vergleichbarkeit und ein „Benchmarking" unmöglich.

KENNZAHLENDEFINITION OEE (Beispiel)

Verteiler: alle Standorte

1. Zweck

Definition der operativen KPI – Kennzahlen (Shopfloor Management), Bezeichnung, Einheit, Art der Berechnung und zur Darstellung am KPI Übersichtsblatt. Aushang am jeweiligen TIC – Team Info Center

2. Geltungsbereich

Produktionsbereich

3. Verfügbarkeit

Formel für die Verfügbarkeit

$$\text{Verfügbarkeit} = \frac{\text{Tatsächliche Produktionszeit (IST) von OK Teilen in Minuten}}{\text{Mögliche Produktionszeit (SOLL)}}$$

Mögliche Produktionszeit = tatsächliche Produktionszeit (OK Teile Produktionszeit) + ungeplante Stillstands Zeit in Minuten

Berechnung der Verfügbarkeit

Mögliche Produktionszeit (SOLL):
Eine Schicht umfasst immer 8 Stunden. In Minuten umgerechnet ergibt dies:

8 Stunden x 60 Minuten = 480 Minuten.

480 Minuten sind somit die maximale Zeit (Soll-Zeit) die eine Maschine in einer Schicht laufen kann.

Geplante Stillstände sind von der möglichen SOLL Zeit von zum Beispiel 480 Minuten pro Schicht abzuziehen.

Geplante Stillstände sind:

- Geplante Wartungs- und Reparatureinsätze
- Geplante Trainings
- Nicht verplante Zeit der Anlage (Planung)
- Pausen (wenn Anlage einen Taktgebundenen Mitarbeiter benötigt und während der Pause keine Produktion möglich ist)

Kurzfristige Reparaturen und ungeplante Stillstände / Störungen jeglicher Art, dürfen nicht abgezogen werden.

Begründung:

Es soll nur die Zeit als mögliche Produktionszeit ausgewiesen werden, welche auch wirklich der Produktion zugeordnet werden kann. Ungeplante Zeiten der Planung (kein Auftrag) würden das Ergebnis der Produktion verschlechtern, ohne dass die Produktion Einfluss nehmen könnte. Verursacherprinzip.

Die Kennzahl Verfügbarkeit soll die Effiziente Nutzung der Anlagen durch die Produktion widerspiegeln. Deshalb ist es wichtig alle Verkaufsthemen nicht hier abzubilden.

ACHTUNG: Am Tag der Zeitverschiebung sind es ausnahmsweise 7 bzw. 9 Stunden.

Tatsächliche Produktionszeit:

Die tatsächliche Produktionszeit repräsentiert die Ist-Zeit, in der eine Maschine geplant produziert hat und OK Teile / Produkte produziert hat. Exklusive ungeplanter Stillstände

Ungeplante Stillstände:

Ungeplante Stillstände, sind Zeiten in denen die Anlage / Maschine stillsteht und nicht produziert.

Ungeplante Stillstände sind:

- Störungen der Anlage / Maschine
- Mitarbeiterausfall durch Krankheit etc.
- Fehlendes Material
- Fehlender Fertigungsauftrag – nicht nach Plan
- Warten auf Instandhaltung
- Warten auf Qualitätsfreigaben
- Stromausfall
- Etc

4. Leistung

Formel für die Leistung:

$$\text{Leistung} = \frac{\text{IST Leistung (in m / in min) NUR OK METER}}{\text{SOLL Leistung (in m / in min)}}$$

Berechnung der Leistung

IST Leistung (in m & in min.):

GUT METER (OK METER) pro Minute, spiegelt die produzierten GUT METER in Minuten wider, welche in einem Zeitraum X (Berechnungszeitraum) gefertigt wurden.

Berechnungszeitraum = Schicht oder Tag oder Woche oder Monat

Der Berechnungszeitraum muss sowohl beim Zähler als auch beim Nenner gleich sein

SOLL Leistung (in m & in min.) :

SOLL Leistung ist die mögliche Meter Anzahl, welche im Berechnungszeitraum gefertigt werden hätte können.

5. Qualität

Formel für die Qualität

$$\text{Qualität} = \frac{\Sigma \text{ produzierter Teile} - \Sigma \text{ Nacharbeitsteile} - \Sigma \text{ Ausschussteile}}{\Sigma \text{ aller produzierter Teile}}$$

Berechnung der Qualität

Sowohl der Zähler als auch der Nenner der Formel müssen von der Einheit gleich sein.

6. Berechnung OEE

Formel für die OEE:

OEE = Verfügbarkeit X Leistung X Qualität

Übersicht für die OEE:

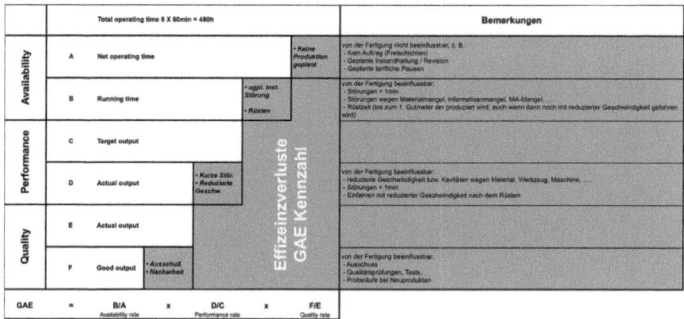

7. Vorgehensweise

Berechnung der OEE laut Formel
Eintragung im KPI Übersichtsblatt auf monatlicher Basis

8. Berechnung

OEE = Verfügbarkeit X Leistung X Qualität

9. Berichterstattung

Verantwortlich: Leiter Produktion
Frequenz: monatlich
KPI-Übersichtsblatt zeigt: monatlichen Wert
in % der Anlagen-
nutzung
Ziel: wird auf dem KPI
– Übersichtsblatt
des jeweiligen
Jahres ausgewie-
sen

10. Mitgeltende Unterlagen

KPI - Übersichtsblatt
KPI – Grafik P - OEE

11. Änderung gegenüber der letzten Version

Version 1.0

erstellt, ~~geändert~~	geprüft	freigegeben
Name: Marcus HAMAN	Name:	Name:
Datum: 02.12.2019 Version: 1.0	Datum:	Datum:

OPERATIVE KENNZAHLEN SIND KEINE GEHEIMNISSE!

Einer der absoluten Grundregeln im Optimierungsvorhaben lautet, die Einbeziehung aller Mitarbeiter. Bei der kontinuierlichen Verbesserung ist diese Regel der Schlüssel zum Erfolg. Kennzahlen zeigen den Weg, jedoch wenn keiner die Kennzahl kennt, oder versteht, ist diese, so gut sie auch sein mag, als „sinnfrei" zu betrachten.

Eine Verbesserung wird nur auf breiter Basis gewinnbringend umgesetzt, da es sonst keine Nachhaltigkeit gibt. Und ohne Nachhaltigkeit gibt es keinen Erfolg, welcher sich auch messen lässt, beziehungsweise, der in der G&V (Gewinn und Verlustrechnung) auch sichtbar wird.

Daher sollten die relevanten Kennzahlen auf Team oder Werk Boards publiziert werden, welche für alle Mitarbeiter frei zugängig sind. Nur so können alle Mitarbeiter den Erfolg oder den Misserfolg verfolgen und sich entsprechend motivierend einbringen. Nicht zu wissen wo das Unternehmen steht und wo die Probleme liegen, fördert nicht die Motivation etwas zu verändern oder die extra Meile zu gehen. Jedoch wenn die Mitarbeiter die Kennzahlen sehen und verstehen, erkennen diese eher die Notwendigkeit hier aktiv mitzugestalten oder / und sich einzubringen.

Ein Mitarbeiter kann nicht motiviert werden, jedoch kann ein Umfeld geschaffen werden, indem sich der Mitarbeiter selbst motiviert.

Eine gute Aufbereitung und die Implementation eines Standards für alle Boards, welcher selbsterklärend ist, wäre sehr hilfreich und sehr empfehlenswert. Der Mitarbeiter muss sich in den Kennzahlen wiederfinden. Es ergibt keinen Sinn, Kennzahlen, welche die Mitarbeiter nicht beeinflussen können, oder die sie nicht verstehen, auszuhängen. Nur wenn die Mitarbeiter ihren Beitrag erkennen, werden Erfolge nicht ausbleiben.
Operative Kennzahlen in folgenden Rubriken, können helfen das Verständnis gegenüber manchen Maßnahmen, zu stärken. Der Einfachheit halber empfiehlt sich, eine Struktur der Klarheit zu bemühen.
Das Team oder Werksboard sollte auf 2 Achsen aufgebaut werden. Die Vertikale Achse mit dem PDCA Regelkreis und die horizontale Achse mit den einzelnen Rubriken.

Die einzelnen Rubriken sind:

- Arbeitssicherheit & Umwelt
- Qualität
- Produktivität
- Kosten
- Bestände
- Organisationsentwicklung

Die Zuordnung sollte zu den oben genannten Bereichen erfolgen und mit Kennzahlen versehen werden, wo sich die Mitarbeiter wiederfinden und mit ihren Tätigkeiten, mit ihrer Mitarbeit, einen aktiven Teil der Umsetzung gestalten.
Der PDCA Regelkreis, welcher auf der vertikalen Achse ausgeführt ist, regelt die einzelnen Stadien der Kennzahlen.

Punkt P, PLAN, werden übergeordnete Ziele, welche längerfristig ausgelegt sind, kommuniziert.

Punkt D, DO oder TUN, zeigt die entsprechende Grafik zur Kennzahl.

Punkt C, CHECK – ÜBERPRÜFUNG, zeigt in einfacher Form mit den Ampelfarben, welchen Status die Kennzahl aufweist.

Punkt A, ACT – AGIEREN, beschreibt in Maßnahmenblättern, die Gegenmaßnahmen, welche bei Abweichung zum Ziel schlagend werden.

Eine schematische Darstellung eines Team Boards könnte wie folgt aussehen:

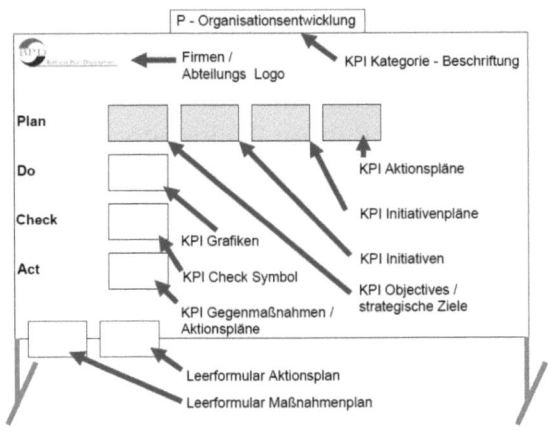

KENNZAHLEN ZEIGEN DEN WEG

Mit den „entrümpelten", den klar definierten Kennzahlen und der visuellen Darstellung auf einem Board, wird ein Weg zum Erfolg aufgezeigt. Wie? Ganz einfach, bei Betrachtung der aussagekräftigen Kennzahlen kann erkannt werden in welchen Bereichen ein Handlungsbedarf besteht, Maßnahmen einzuleiten und konsequent abzuarbeiten. Vorausgesetzt, es wurden für jede Kennzahl auch Ziele gesetzt, beziehungsweise vereinbart. Sollte das nicht der Fall sein, lohnt es sich, die vorher beschriebenen 3 Stellschrauben wieder ins Gedächtnis zu rufen.
Die drei Stellschrauben einer produktiven Organisation lauten:

1. Bestände senken
2. Produktivität / Durchsatz erhöhen &
3. Betriebskosten senken

Und schon, sind zumindest diese 3 Ziele heranzuziehen und mit Maßnahmen zu beaufschlagen, auch wenn diese 3 Stellschrauben übergeordnete Ziele darstellen. Maßnahmen herunter zu brechen wäre hierbei der nächste Schritt.

Ein Beispiel soll dies als Veranschaulichung zeigen:

Ein Beispiel, um die Betriebskosten zu senken, wäre die Analyse der Arbeitsunfälle und Verletzungen. Wenn diese Kennzahl nicht 0 zeigt, dann ist es unbedingt erforderlich, hier Maßnahmen auszuarbeiten. Warum bei Arbeitsunfällen? Was haben Arbeitsunfälle mit Betriebskosten zu tun?
Die Antwort liegt, in der durch Arbeitsunfälle verursachten Abwesenheiten der Mitarbeiter. Fehlzeiten, welche durch andere Mitarbeiter kompensiert werden müssen, und das verursacht Kosten im Personal, oder eine Reduktion der Leistung, da andere Mitarbeiter eine deutliche Mehrbelastung erleben.
Ein anderes Beispiel sind Qualitätsfehlerkosten. Jeder Fehler am Produkt verursacht Kosten. Und je näher der fehlerhafte Teil zum Kunden gelangt, desto höher sind die Kosten hierfür. Gegenmaßnahmen, dass dieser Fehler nie wieder vorkommen können, wären eine nachhaltige Lösung und führt unweigerlich zu Kosteneinsparung.
Werden die Störungen an einer Anlage reduziert, beeinflusst dies die Kennzahl UPTIME positiv und eine höhere Produktivität wäre die

Folge. Mit anderen Worten, werden dann mehr OK Produkte gefertigt und verringern damit den Kostenanteil jedes einzelnen Produkts des Unternehmens, da mit der gleichen Anzahl von Mitarbeiter eine höhere Ausbringung erzielt werden konnte.
Es lassen sich noch sehr viele Beispiele hieraus aufzählen.

Orientiert sich die Organisation auf die 3 Stellschrauben der Produktion, können auch ohne vereinbarte Ziele, die richtigen Maßnahmen umgesetzt werden, um Kosten sinnvoll einzusparen.

FRAGENKATALOG:

Warum zeigen Kennzahlen den Weg?

Was sind KPIs?

Wie unterscheidet sich eine KPI Kennzahl
von anderen Kennzahlen?

Was ist ein Kennzahlenfriedhof?

Warum zeigen Kennzahlen den Weg?

Wie wird eine Kennzahl definiert?

REGELKREISE SIND DEINE FREUNDE

Um einen kontinuierlichen Fortschritt der Verbesserung sicherzustellen, sind Regelkreise unerlässlich. Regelkreise sind jedoch nur dann wirksam, wenn diese folgende Eigenschaften beinhalten:

- Keine große Anzahl an Teilnehmer
- Klare Struktur und Prozess
- Kommunikation der Erwartungshaltung der Besprechung
- Alle Teilnehmer kennen den Prozess, beziehungsweise den Fragenkatalog
- Alle Teilnehmer sind pünktlich und vorbereitet
- Der Regelkreis ist keine Problemlösungsrunde
- Jeder Teilnehmer übernimmt für seinen Bereich und Maßnahmen die Verantwortung
- Maßnahmen werden in Maßnahmenpläne festgehalten und mit Termin und Verantwortlichkeit versehen.
- Es kann immer nur einen Verantwortlichen für einen Maßnahmenpunkt geben
- Der Regelkreis agiert auf sachlicher Basis und ist keine „Finger- pointing" / Schuldzuweisungs- Veranstaltung

Regelkreise finden, wie der Name schon besagt, regelmäßig statt. Der Zweck ist, dass Probleme dokumentiert und präsentiert werden, beziehungsweise die Verantwortlichen der einzelnen Maßnahmen an den Themen bleiben, bis diese nachhaltig umgesetzt wurden.

Die Regelkreise haben, wie viele Systeme, zwei Seiten. Auf der einen Seite bekommt die Mannschaft viele Maßnahmen zur Umsetzung, in vielen Fällen ist eine Mehrbelastung die folge daraus. Auf der anderen Seite bekommt die Mannschaft jedoch auch Entscheidungen und Unterstützung des Top Managements, denn dieses kann sich ebenso wenig aus der Verantwortung ziehen, wie die Mitarbeiter an der Linie. Somit werden viele liegengebliebene Themen endlich richtig adressiert und eine Entscheidung, in die eine oder andere Richtung ist, die Folge daraus. Somit bewegt sich die Organisation in die richtige Richtung, auf dem steinigen Weg zum Erfolg. Voraussetzung hierfür ist die konsequente Vorgehensweise und Umsetzung.

Ein Beispiel eines Regelkreises:

Die Morgenbesprechung am Shopfloor

Die Morgenbesprechung am Shopfloor findet beim Team Info Board, wo die Kennzahlen aushängen, statt.
Die Teilnehmer ergeben sich aus den Verantwortungsbereichen. Der Fragenkatalog ist immer gleichbleibend und wird vom Gesamtverantwortlichen abgefragt.
Da es immer die gleichen Fragen sind, kann kein Teilnehmer die Ausrede bedienen, er hätte nicht gewusst was von ihm erwartet wird.

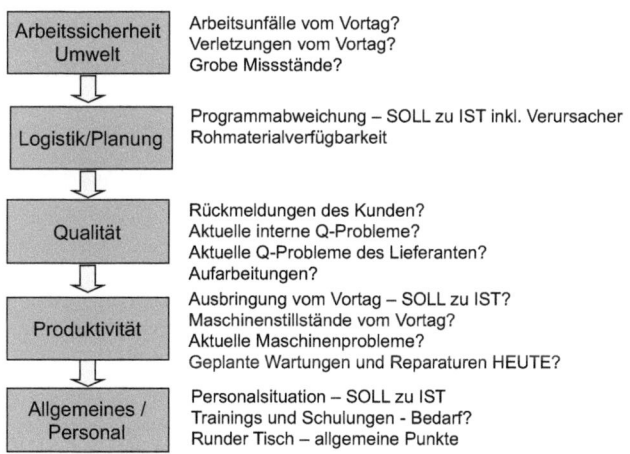

Arbeitssicherheit Umwelt
Arbeitsunfälle vom Vortag?
Verletzungen vom Vortag?
Grobe Missstände?

Logistik/Planung
Programmabweichung – SOLL zu IST inkl. Verursacher
Rohmaterialverfügbarkeit

Qualität
Rückmeldungen des Kunden?
Aktuelle interne Q-Probleme?
Aktuelle Q-Probleme des Lieferanten?
Aufarbeitungen?

Produktivität
Ausbringung vom Vortag – SOLL zu IST?
Maschinenstillstände vom Vortag?
Aktuelle Maschinenprobleme?
Geplante Wartungen und Reparaturen HEUTE?

Allgemeines / Personal
Personalsituation – SOLL zu IST
Trainings und Schulungen - Bedarf?
Runder Tisch – allgemeine Punkte

Der Morgenbesprechungsprozess sieht folgender Maßen aus:

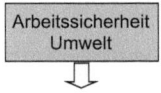 Arbeitsunfälle vom Vortag?
Verletzungen vom Vortag?
Grobe Missstände?

Verantwortlich: SICHERHEITSFACHKRAFT

Arbeitsunfälle / Verletzungen vom Vortag und aktuell:
Mitzubringen sind:
•Fotos der Unfall und Verletzungsstelle für ein besseres Verständnis
•Beschreibung des Vorfalls
•Eingeleitete / umgesetzte Gegenmaßnahmen zur Verhinderung in Zukunft

Grobe Missstände:
Mitzubringen sind:
•Fotos für ein besseres Verständnis
•Beschreibung des Missstandes
•Eingeleitete / umgesetzte Maßnahmen zur Verbesserung

Aktuelle Aktivitäten:
Alarmübungen, Sicherheitsrundgänge, Sicherheitsaudits, etc.

Es muss hier klar gesagt werden, dass die Arbeitssicherheit jeden etwas angeht und jeder dafür verantwortlich ist, jedoch kann nur einer die Punkte im gesamten Verantworten.

 Programmabweichung – SOLL zu IST inkl. Verursacher
Teileverfügbarkeit – Rohteile / Halbfertigteile / Zukaufteile

Verantwortlich: LOGISTIK

Programmabweichung – SOLL zu IST inkl. Verursacher:
Mitzubringen sind:
•Produktionsplan - Produktionsprogramm
•Eingeleitete / umgesetzte Gegenmaßnahmen zur Verhinderung in Zukunft

Rohmaterialverfügbarkeit:
Mitzubringen sind:
•Lagerbestand wenn notwendig
•Eingeleitete / umgesetzte Gegenmaßnahmen zur Minimierung der Bestände

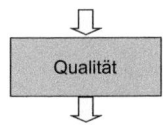

Rückmeldungen des Kunden?
Aktuelle interne Q-Probleme?
Aktuelle Q-Probleme der Lieferanten?
Aufarbeitungen – welche und wie viele?

Verantwortlich: QUALITÄT

Rückmeldungen des Kunden:
Mitzubringen sind:
•Fotos der Beanstandung, bzw. Teil wenn vorhanden,
für ein besseres Verständnis
•Beschreibung des der Beanstandung
•Eingeleitete / umgesetzte Gegenmaßnahmen zur Verhinderung in Zukunft

Aktuelle Qualitätsprobleme:
Mitzubringen sind:
•Fotos des fehlerhaften Produkts für ein besseres Verständnis
•Beschreibung des Problems
•Eingeleitete / umgesetzte Gegenmaßnahmen zur Verhinderung in Zukunft

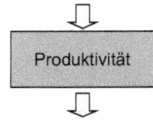

Ausbringung vom Vortag – SOLL zu IST?
Maschinenstillstände vom Vortag?
Aktuelle Maschinenprobleme?
Geplante Wartungen und Reparaturen HEUTE?

Verantwortlich: PRODUKTION

Ausbringung vom Vortag – SOLL zu IST:
Mitzubringen sind:
•Wie viele Produkte wurden fertiggestellt und wie viele waren geplant?
(Linie ..... SOLL ..... Stk. IST.... Stk. Ziel erreicht / nicht erreicht - Begründung
•GAE (Gesamt Anlagen Effizienz Liste) zur Ursachenfindung bei Abweichung
•Eingeleitete / umgesetzte Gegenmaßnahmen zur Verbesserung

Aktuelle Maschinenprobleme / geplante Reparaturen / Wartungen:
Mitzubringen sind:
•Informationen über Stillstand der Maschine / Linie an alle Beteiligten
•Maßnahmenplan/Aktionsplan über Aktivitäten und Unterstützungsanforderung
wie z.B.: Einkauf/Logistik/Qualitätsmanagement/Management, etc.
•Planungsliste für Reparaturen

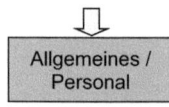

Allgemeines / Personal	Personalsituation – SOLL zu IST Trainings und Schulungen - Bedarf? Runder Tisch – allgemeine Punkte

Verantwortlich: ALLE

Personalsituation SOLL zu IST:
Mitzubringen sind:
•Personal Anwesenheitsliste mit Minimumbesetzung und IST Anzahl
•Abwesenheit in % und Mitarbeiteranzahl

Trainings und Schulungsbedarf / Plan:
Mitzubringen sind:
•Qualifikationsmatrix
•Flexibilitätsmatrix
•Trainings/Schulungsanforderung inkl. Begründung

Runder Tisch / Allgemeine Punkte:
Jeder Teilnehmer kann allgemeine Anliegen und Punkte vortragen

Der „RUNDE" Tisch, gibt jeden Teilnehmer die Möglichkeit, allgemeine Punkte anzusprechen. Zu beachten ist, dass diese Besprechung im Regelfall, nicht länger als ca. 15 Minuten andauert. Am Anfang jedoch, kann es auch eine Stunde werden, da nicht alle Prozesse eingespielt sind.

Durch Regelkreise werden Kennzahlen bei Abweichung mit Maßnahmen beaufschlagt und kontinuierlich angesprochen, beziehungsweise wirksam nachgefasst.

DEFINIERE WERTBRINGENDE BESPRE-CHUNGEN

Es gibt in vielen Unternehmen zahlreiche Besprechungen. Viele davon sind vor langer Zeit endstanden und haben vielleicht gar keinen Anspruch auf Weiterführung, oder eine Daseinsberechtigung mehr. Jedoch werden diese Kennzahlenfriedhöfe ebenso wenig hinterfragt. Wie viele Manager verschwenden Zeit in sinnfreien Besprechungen, welche keinen Mehrwert für das Unternehmen darstellen. Wie viel Zeit könnte den Managern freigeschaufelt werden, wenn unnötige Besprechungen einfach ausbleiben? Diese Fragen müssen Organisationen für sich selbst beantworten, aus Erfahrung kann jedoch festgehalten werden, dass es in der Regel zu viele sind. Wo diese Besprechungen stattfinden ist dann auch noch ein Thema für sich.

Eine regelmäßig stattfindende Besprechung, welche das Ziel hat, das Kerngeschäft, die Produktion, positiv zu beeinflussen, sollte aus, zum Bespiel folgenden Gründen, auch am Ort des Geschehens stattfinden.

- Die Kennzahlenboards können herangezogen werden
- Die Besprechung findet im Stehen, bei einem runden Stehtisch statt
- Die Mitarbeiter am Shopfloor sehen, dass sich das Management um ihre Probleme annimmt
- Die Mitarbeiter können jederzeit die Ergebnisse und geplanten Maßnahmen am Board nachlesen
- etc

DEFINIERE DEINE REGELKREISE

Welche Regelkreise sind es wert implementiert zu werden? Was benötigt die Organisation, um eine kontinuierliche Verbesserung sicherzustellen? Denn das ist das erklärte Ziel, die Organisation zu einer lernenden Organisation zu transferieren.

Regelkreise sind Besprechungen auf „regelmäßiger" Basis, mit gezieltem Fokus auf die Kernkompetenz. In unserem Fallbeispiel die Produktion, welche die Fertigung von Teilen als Kernprozess ansieht und damit auch den Profit generiert.

Als Empfehlung wären folgende Regelkreise zu implementieren:

Tägliche Besprechungen:

- Morgenbesprechung

Bei der Morgenbesprechung geht es darum, den vorherigen und den aktuellen Arbeitstag zu besprechen.

Wöchentliche Besprechungen:

- Qualitätsbesprechung
- Performance oder Leistungsbesprechung
- Event. Teammeeting

Bei der Qualitätsbesprechung werden alle relevanten Themen zur Vorwoche, und der aktuellen Woche besprochen. Ebenso beim Performance Meeting, wo die erbrachte Leistung, genannt UPTIME, im Fokus steht.
In den Teammeetings werden alle Anliegen des Teams, sowie Trainings und Unterweisungen umgesetzt.

Monatliche Besprechungen:

- Business Plan Deployment Review

Das Business Plan Deployment Meeting hat das Ziel, alle operativen Kennzahlen über das letzte Monat, in den Bereichen Arbeitssicherheit & Umwelt, Qualität, Produktivität, Kosten, Bestände und Organisationsentwicklung zu besprechen, und bei Abweichungen zum Ziel die Gegenmaßnahmen zu überprüfen, und ggf. weitere Maßnahmen zu verabschieden.

Vierteljährliche Besprechungen:

- Arbeitsicherheitsauschuss

Zusätzliche Besprechungen wie KVPs oder Projektbesprechungen sind davon uneingenommen durchzuführen, werden jedoch nicht als Regelkreis geführt.

Wichtig, und das kann nicht oft genug erwähnt werden, sollten klare Abläufe der einzelnen Besprechungen, inklusive eines Fragenkatalogs definiert und die Mitarbeiter dazu befähigt werden.

MANAGEMENT VOR ORT

So gut die Regelkreise auch sind, ohne die Anwesenheit des Managements, ist es nur eine halbe Sache. Und damit kommt es zu einem ganz heiklen Thema, der Unternehmenskultur.

Kultur wird immer von oben gelebt und muss vorgelebt werden, ohne Kompromisse!

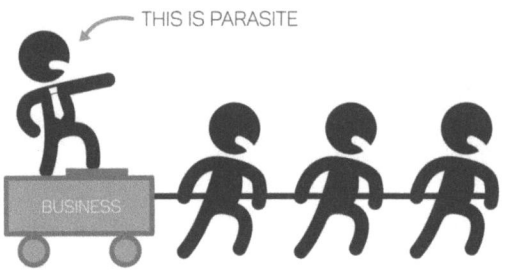

THIS IS PARASITE

BUSINESS

THIS IS LEADER

BUSINESS

Ohne das klare „commitment" der obersten Führung, wird es nicht durchgängig beim Mitarbeiter ankommen, und vor allem die sensibelste Ebene, das mittlere Management, wird ohne Einbindung und klarer Ansage des Top Managements eher zurückhaltend, wenn nicht teilweise blockierend agieren. Und somit ist eine Durchgängigkeit, auf die es jedoch ankommt, nicht gegeben. Es braucht jedoch mehr als nur ein Statement von der Spitze. Hier ist das Engagement durch Anwesenheit am Shopfloor ebenso essentiell, wie die aktive Unterstützung und Übernahme von Verantwortung. Auf Produktionsebene entstehen Anforderungen zur Entscheidung, welche nicht von der Mannschaft getroffen werden können. Hier gilt es den „Ball" aufzunehmen und klar zu zeigen, dass das Top Management, Teil des Teams und des Lösungsweges ist. Entscheidungen auf kurzem Entscheidungsweg, zeigt mit deutlicher Sprache, dass die Probleme und Themen am Shopfloor, wichtig für das Unternehmen sind. Denn eines muss sich das Top Management immer vor Augen halten:

Das Unternehmen besteht nur aus einem einzigen Grund – Profit zu generieren. Und der Profit kommt immer, zum größten Teil, aus der Kernkompetenz des Unternehmens.

Ein Manager sollte im Idealfall eine Führungsrolle, auch neudeutsch, LEADER Rolle genannt, einnehmen. Somit wird er automatisch zu einem Teammitglied und sieht sich selbst als Teil des Teams, mit einer differenten Rolle und Verantwortung versehen.

FRAGENKATALOG:

Was sind Regelkreise?

Warum sind Regelkreise so wichtig?

Welchen Einfluss hat das Management auf die Performance des Unternehmens?

Was bedeutet Management vor Ort?

Was ist der Unterschied zwischen Manager und Leader?

ENTFERNE KOMPLEXITÄT

Der Mensch ist von Natur aus Jäger und Sammler. Davon wird der Manager von heute nicht verschont. Erlebbar, in vielen Unternehmen in Form von bewahrenden Aktionen und Entscheidungen. Support Prozesse werden nicht hinterfragt, bestehende Prozesse behalten, da kein Risiko eingegangen wird, um keine Fehlentscheidungen zu tätigen und dafür, Gott bewahre, auch noch die Verantwortung übernehmen zu müssen. Solange das Unternehmen Gewinne erzielt, wird sehr gerne, in vielen Fällen, der Weg des geringsten Widerstandes eingeschlagen. Warum sich in Gefahr begeben, wenn der Laden läuft? Nun die Antwort liegt in der Hand:

Nach der Krise ist vor der Krise und die kommt sicherlich irgendeinmal um die Ecke!

Ebenso gilt dies mit der Konkurrenz, welche vielleicht nicht in einen Dauerwinterschlaf verfallen ist, und abwartet bis der Frühling mit noch mehr Aufträgen vorbeischaut. Diese Haltungsweise ist für eine Organisation gefährlich, braucht es doch einige Zeit um Maßnahmen zur Verbesserung der Gewinnsituation, welche sicherlich nicht über Nacht realisierbar sind, umzusetzen.

Das Hinterfragen aller Prozesse sollte regelmäßig (jährlich) stattfinden und der auch hier geltende „Mut zur Lücke" ist maßgebend, um am Markt eine stärkere Position einzunehmen.

IST ALLES WIRKLICH SO WICHTIG?

Der Validierungsprozess beinhaltet vor allem, alles hinterfragen zu dürfen. Natürlich ist auch das Management in einer gewissen Ausprägung befangen, unangenehme Entscheidungen zu treffen, wird ja seit geraumer Zeit, vielmehr in Jahren, mit den Kollegen zusammengearbeitet. Konflikte, stehen somit klar am Entscheidungsweg, jedoch betrachten wir es doch simple. Wenn das Unternehmen weiterhin am Markt bestehen soll, müssen immer wieder Anpassungen getroffen werden. Starre und bewahrende Systeme, werden wie die Dinosaurier, aussterben. Die Wirtschaftsgeschichte kann viele Fälle hierzu auflisten. Selbst Marktführer, waren und sind davon nicht ausgenommen. Beispiele wie das Unternehmen EUMIG um nur ein Beispiel zu nennen, haben nicht nur ihren Preis für die Haltung bezahlen müssen, es gibt diese ehemals führenden Unternehmungen einfach nicht mehr. EUMIG meldete 1982 Konkurs an. Die Marke wurde verkauft.
Neue Wege einzuschlagen, beziehungsweise alteingesessene Prozesse zu hinter-

fragen und wenn es Sinn macht, auszula-
gern, also fremd zu vergeben, ist keine
Schande und Resignation vor dem Markt.

Manager, welche nach Mitarbeiteranzahl und
Umsatz bewertet werden wollen, bewerten
ihre persönlichen Befindlichkeiten. Es sollte
der Profit und der Erfolg des Unternehmens
im Vordergrund stehen.

Nachdem die Kompetenzzwiebel ausgearbeitet wurde, kann mit dem Hinterfragen be-
gonnen werden. Der Kernprozess und die unterstützenden Prozesse, welche wichtig sind
um den Kernprozess zu realisieren, sollten
bleiben, alle anderen Prozesse sollten fremd
vergeben werden.

SIMPLIFY YOUR LIFE

Hat der Manager den Gewinn des Unternehmens vor Augen und die, nicht Kernprozesse ausgelagert, wird der Manager sehr schnell erfahren, dass mit der Fremdvergabe, auch weniger Probleme an der Tagesordnung anstehen. Viele Probleme entstehen nicht im Kernprozess, viele Probleme entstehen in den Support oder Nebenprozessen und fordern ebenso ihre Ressourcen ein. Ressourcen, welche jedoch, vielleicht dann nicht am Kernprozess arbeiten können, und somit vom produktiven Mitarbeiter, zum nicht produktiven Mitarbeiter mutieren. Die Mitarbeiter verursachen also Aufwendungen und Kosten, welche das Kerngeschäft nicht unterstützen

wirtschaftlicher zu werden. Sind diese Probleme, und die daraus auflaufenden Kosten, sinnvoll für das Unternehmen? Oder ist es vielleicht besser, diese Probleme wo anders zu deponieren. Bei Unternehmen, welche vielleicht gerade diese Tätigkeiten ihren Kernprozess betiteln und wesentlich besser aufgestellt sind, diese Aufgaben gewinnbringend zu übernehmen. Ein klassisches Beispiel ist IT. Diese Hauptprozesse könnten Kompetenzen sein, welche fremd vergeben werden können. Braucht es in einem Produktionsbetrieb wirklich eine eigene Abteilung, welche Client Services anbietet? Bei kleineren Unternehmen, darf auch die Buchhaltung, oder die Personalverrechnung hinterfragt werden. In Zeiten, wo eine Vernetzung, die Daten allgegenwärtig macht, und Abstimmungen bequem via Videokonferenz Calls umgesetzt werden können, ist diese Überlegung wirklich angebracht. Die Kosten hierfür haben sich dank der Technik und Möglichkeiten, sowie der Kosten für diese Dienstleistungen, hervorgerufen durch Konkurrenz am freien Markt, wesentlich verbessert.

Jedoch, muss klar festgehalten werden, dass die Probleme des Lieferanten immer noch die Probleme des Kunden sind.

Mit einem kleinen Unterschied, dass dann die Ressourcen nicht von der eigenen Firma gestemmt werden müssen. Ebenso keine Abwesenheiten und andere Personalthemen.

LASS DIR HELFEN!

Bei alteingesessenen Unternehmen ist oft eine Unternehmensblindheit aufzufinden. Das ist nichts Verwerfliches, wenn auch hierzu eine Gegenmaßnahme ergriffen wird, um die Situation zu entschärfen.

Das Sprichwort, man sieht vor lauter Bäume den Wald nicht mehr, hat seine Berechtigung. Um den entgegenzuwirken können folgende Maßnahmen ergriffen werden.

- Interne Audits / Workshops
- Hinzuziehen eines externen Spezialisten

Interne Audits / Workshops:

Interne Audits oder Strategieworkshops, können eine Bereicherung der Sichtweise sein,
sofern das Unternehmen mehrere Standorte
aufweist, und in anderen Bereichen nicht nur
altgediente Mitarbeiter ihrer Arbeit nachge-
hen. Das soll nicht heißen, das altgediente
Mitarbeiter keinen Mehrwert in das Unternehmen bringen. Im Gegenteil, ihr Wissen ist ge-
fragt und anerkannt. Es geht vielmehr darum,
dass diese Mitarbeiter seit Jahren oder Jahr-
zehnten keine andere Produktionsumgebung
wahrgenommen, oder vielmehr gelebt haben. Also nur im eigenen „Saft" gebadet haben, um eine Metapher hierbei zu bemühen.

Hinzuziehen eines externen Spezialisten:

Es wird zwar immer mehr in Anspruch genommen, jedoch haben immer noch viele
Entscheidungsträger bedenken, einen externen Spezialisten hinzuzuholen. Der Grund
hierfür liegt einerseits in der Offenlegung aller
Daten und Strategien, und andererseits vor
der Kostenwelle, welche ein Unternehmen
trifft, wenn in Richtung einer großen Beratungsfirma gedacht wird.

Beide Bedenken sind valide Begründungen. Beim ersten Punkt, der Offenlegung, kann mittels Verträge eine Grundsicherheit geschaffen werden. Beim zweiten Punkt muss es nicht immer eine große Beratungskanzlei sein. Es gibt auch eine Alternative hierzu. Die des Interim Managers, welcher mit seiner Erfahrung aus anderen Mandaten und seiner Außensicht, einen wesentlichen Mehrwert beitragen kann. Der Unterschied zwischen einem Beratungshaus und einem Interim Manager ist der, dass ein guter und renommierter Interim Manager aus einer Linienfunktion, auch die Umsetzung begleiten kann. Er übernimmt also Verantwortung im Veränderungsprozess und wirft nicht nur bunte Präsentationen, welche schon vielfach verkauft wurden, an die Wand.

Ein Interim Manager, vermittelt, von einem angesehenen „Providerhaus", ist ebenso mit Kosten verbunden, jedoch ist der Praxisbezug und die Umsetzungsgeschwindigkeit, wesentlich höher.

FRAGENKATALOG:

Warum muss kontinuierlich an den Themen / Problemen gearbeitet werden?

Was ist das oberste Ziel jeder Kapitalgesellschaft?

Welche Alternative als Unterstützung kann herangezogen werden?

Warum ist eine Außensicht gewinnbringend?

Was unterscheidet eine Beratungsfirma von einem Interim Manager / Leader?

DEFINIERE ROLLEN & VERANTWORT-LICHKEITEN

Die Definition der Rollen & Verantwortlichkeiten, ist eine wesentliche, regelt doch die Definition alle Aufgaben im Unternehmen und somit auch die Effizienz.

Im Wachstum eines Unternehmens werden oftmals Positionen und Führungsverantwortlichkeiten an Mitarbeitern übergeben, welche schon lange im Unternehmen sind oder die besten Fachexperten darstellen. Die betroffenen Mitarbeiter fühlen sich zwar geehrt und sind dankbar für die bessere Entlohnung, jedoch muss sich das Management fragen, ob dieser Mitarbeiter für diese Stelle wirklich die erste Wahl ist und ob es nicht besser wäre jemanden zu finden, intern wie auch extern, welcher die Führungsverantwortung gerne übernimmt. Denn in vielen Fällen ist die neue Stelle, aus den oben genannten Gründen, reizvoll. Jedoch nur kurzfristig, da in der neuen Rolle, Verantwortungen auf den Mitarbeiter zukommen, welche nichts mit dem Fach- Expertenwissen zu tun haben, und für den Mitarbeiter unangenehme Themen auf den Tisch kommen. Egal ob es sich um disziplinäre oder wirtschaftliche Themen handelt. Zuerst Kollege, dann als Vorgesetzter, denn eine Führungskraft wird der Mitarbeiter noch lange keine darstellen, es sei denn, er wird auf die Rolle vorbereitet und wurde in die Entscheidung aktiv mit eingebunden.

Zu einer Rollen & Verantwortlichkeitsregelung gehört mehr als nur die Bestellung einzelner Mitarbeiter auf gewisse Positionen, oder die Erstellung eines Job Profils. Klare Rollen & Verantwortlichkeiten, definieren alle Aufgaben des jeweiligen Mitarbeiters, und regeln ebenso auch die Verantwortlichkeiten, welche der einzelne Mitarbeiter in der zugewiesenen Ebene, wahr zu nehmen hat.

ORGANISATIONSÄNDERUNG

Nachdem die Auslagerungen, der als nicht behalt barer Prozesse und Kompetenzen vollzogen wurde, ergeben sich vielleicht andere, beziehungsweise leicht veränderte Positionen und Hierarchien. Das Organigramm muss eventuell angepasst werden und Mitarbeiter, von der einen Positionen, vielleicht in eine andere Position, umgesetzt werden. Was jedoch alle Positionen und Hierarchien gleich haben, ist die Tatsache, dass diese klar definiert werden müssen, um den gewünschten Effekt, der effizienteren Zielerreichung, sicherzustellen.

Organigramm Änderungen lösen oftmals Unsicherheiten bei den Mitarbeitern aus. Daher ist es um so wichtiger, hier klar und eindeutig zu kommunizieren, wo die Reise einerseits hingeht und andererseits, welche Auswirkungen diese Veränderungen auf den jeweiligen Einzelfall haben wird. Ein sehr häufiger Fehler ist das Organigramm auf Raten zu ändern. Für die Mitarbeiter bekommt, bei jeder Veränderung, das Sicherheitsdenken einen neuen, höheren Stellenwert und blockiert somit die Leistungsfähigkeit des jeweiligen Mitarbeiters. Dem entgegenwirkend, kann das Organigramm auf einmal umgestellt werden, müsste jedoch generalstabsmäßig vorbereitet werden. Abteilungen wie die Personalabteilung und die Leitung des Kernprozessbereichs, sowie die Leiter der einzelnen betroffenen Bereiche müssen hierbei mit einbezogen werden.

Sollte eine agile Form der Organisation gewählt werden, muss besonderer Wert und Fokus auf das mittlere Management gelegt werden, da dort die größten Veränderungen stattfinden werden. Ebenso ist es wichtig und Voraussetzung, dass alle Stellen und Ebenen eine klare Rollenbeschreibung und Verantwortlichkeitsregelung aufweisen, und die betroffenen Mitarbeiter, die Befähigung erhalten, bevor Resultate von ihnen verlangt werden können.

Befähigung vor Zielerreichung, damit Ergebnisse nachhaltig umgesetzt werden.

WER SPIELT WELCHES INSTRUMENT?

Zur Vorbereitung der Vergabe verschiedener Positionen in der neuen Organisationsstruktur, sollte eine Evaluierung der Kompetenzen jedes einzelnen Mitarbeiters durchgeführt werden. Manchmal werden Fähigkeiten bei einzelnen Mitarbeitern entdeckt, welche vorher nicht wirklich bekannt waren, beziehungsweise von anderen nicht gefördert wurden. Diese Fähigkeiten, könnten durchaus der Organisation behilflich sein, die Ziele effizienter zu erreichen. Zur Analyse der Fähigkeiten der Organisation, empfiehlt sich, eine Qualifikations- und Flexibilitätsmatrix, gemeinsam mit den Mitarbeitern und den Führungskräften auszuarbeiten.

Die Qualifikationsmatrix

Die Qualifikationsmatrix dient dazu, die Ausbildungen jedes einzelnen Mitarbeiters zu dokumentieren. Ebenso wird der Wissensgrad in Form einer Abstufung sichtbar dargestellt. Dabei ist es nicht wesentlich ob dies mit einer Liste oder in einem Computersystem umgesetzt wird. Wichtig ist nur, dass es gemacht wird und somit eine Qualifikations- / Fähigkeitsmatrix so manche Entscheidung bezüglich wer wird wo eingesetzt, objektiver umgesetzt werden kann.

Die Flexibilitätsmatrix

Die Flexibilitätsmatrix befasst sich mit der Aufstellung und Dokumentation, welche Arbeitsprozesse der einzelnen Mitarbeiter, in welchen Erfahrungsgrad aufweist. Auch hier spielt es keine Rolle, wo dies umgesetzt wird, solange es stattfindet.

KLARHEIT BRINGT LEISTUNG

Eine der größten Blockade von Mitarbeiter-leistung ist das Sicherheitsdenken. Dieses prägt sich aus, wenn Mitarbeiter nicht wissen, wohin der Unternehmenszug fährt, wo der Sitzplatz für den Mitarbeiter ist, oder / und nicht im Change Prozess, mit ein gebunden ist. Falsche, oder zu wenig Kommunikation, stellen die Hauptgründe des Scheiterns dar. Mit den definierten Rollen und Verantwort-lichkeiten jedes einzelnen Mitarbeiters, weiß der einzelnen Mitarbeiter, was die Organisa-tion von ihm erwartet und stellt ihm im Ideal-fall, auch die Befähigung, in Form von Trai-nings und Schulungen zur Verfügung. Durch die Struktur der Rollen und Verantwortlichkei-ten, kennt der Mitarbeiter sich aus, und findet

5 Regeln der operativen Optimierung

sich in der Organisation wieder. Mit dieser Klarheit kann der Mitarbeiter seine Arbeitsleistung und seinen Einsatz klar ausrichten und ist somit ein gewinnbringender Mitarbeiter im Unternehmen.

In einer produktiven Organisation werden folgende Aufgabengebiete als Struktur herangezogen:

- Arbeitssicherheit und Umwelt
- Qualität
- Produktivität
- Kosten
- Bestände &
- Organisationsentwicklung

In dieser Struktur finden sich die Mitarbeiter wieder, da diese Bereiche keine neuen Gebiete darstellen und teilweise vertraut sind.

DIE BREMSE SICHERHEITSDENKEN

Sicherheitsdenken ist nichts, womit der Mitarbeiter nicht umgehen kann, sofern die Gründe des Sicherheitsdenkens nicht überhandnehmen. Sobald die tägliche Leistung beim Mitarbeiter negativ beeinträchtigt wird, muss seitens des Managements entgegengewirkt werden. Unsicherheiten sind, wie auch schon in einem vorherigen Kapitel erwähnt, durch fehlende Einbindung, oder der schlechten Kommunikation geschuldet. Das Umfeld wo sich der einzelne Mitarbeiter kontinuierlich motivieren kann, wird deformiert und im schlechtesten Fall, zerstört. Die Leistung folgt der Motivation auf dem Fuße, und bricht ebenso weg. Darunter leidet nicht nur die Leistung eines einzelnen. Vielmehr greift diese Stimmung rasch um sich und steckt andere Mitarbeiter an. Die Umkehrung in eine positive Richtung ist nicht in einer vergleichbaren Zeit erreichbar, und die Aufwendungen sind wesentlich höher als im motivierten Zustand.

Sicherheitsdenken in der negativsten Form kommt dann zum Vorschein, wenn die Arbeitssicherheit beeinträchtigt wird. Wenn ein

Mitarbeiter Angst hat, mit gleichem Gesund-
heitszustand wieder nach Hause zu kommen, wie er in die Arbeit gekommen ist, wird
die Arbeitsleistung im Abgrund der Verschwendung versinken.

FRAGENKATALOG:

Was sind Rollen und Verantwortlichkeiten?

Was ist bei einer Organisationsänderung zu achten?

Was ist eine Qualifikationsmatrix?

Warum ist Klarheit in jeder Funktion so wichtig?

Was ist Sicherheitsdenken?

Wann wird das Sicherheitsdenken zur Gefahr?

NOTIZEN

NOTIZEN

5 Regeln der operativen Optimierung

NOTIZEN

NOTIZEN

5 Regeln der operativen Optimierung

ABKÜRZUNGEN / LEGENDE:

BPD   Business Plan Deployment
EDMI   Entscheidung, Durchführung,
Mitwirkung, Information
FTQ   First Time Quality
GAE   Gesamt Anlagen Effizienz
HR   Human Ressources
IT   Information Technoligy
KPI   Key Performance Indicator
KVP   Kontinuierlicher Verbesse-
rungs- Prozess
ME   Manufacturing Engineering
NA   Not Available
PDCA   Plan Do Check Act
PKB   Problem Kommunikations-
Blatt
QM   Qualitäts- Management
RASI   Responsible Action Support In-
formation
TIC   Team Info Center
TPM   Total Productive Maintenance
Shopfloor   Arbeitsbereich in der Produk-
tion

Weitere Publikationen

5 Regeln der Produktion
ISBN 978-3-8482-2634-4

Kommunikation in der Produktion
ISBN 978-3-8482-5126-1

Rollen & Verantwortlichkeiten in der Produktion
ISBN 978-3-7322-5290-9

5 rules of production
ISBN 978-3-7357-3675-8

Communication in the production
ISBN 978-3-7347-2963-8

Das Werker Entwicklungs- Programm „WEP"
ISBN 978-3-7494-8058-6

5 Fragen an den Interim Manager
ISBN 978-3-7519-5860-8

5 questions about interim management
ISBN 978-3-7386-4639-9